* 그리움도 겨울잠을 잘 수 있다면

그리움도 겨울잠을 잘 수 있다면

초판 1쇄 발행 2025년 12월 1일

지은이 신동준 | 펴낸이 신동원 | 펴낸 곳 디딤글

출판등록 제2025-000005호

주소 경기도 부천시 부일로 523, 3층 301호

이메일 didimgeul@naver.com

ISBN 979-11-991967-7-3 (03800)

정가 12,000원

copyright ⓒ 신동준, 2025

* 이 책의 판권은 지은이와 출판사 디딤글에 있습니다.
* 이 책 내용의 전부 또는 일부를 재사용하려면 반드시 저자와 출판사 디딤글의 서면 동의를 받아야 합니다.
* 본 콘텐츠는 문화체육관광부와 한국출판인회의에서 제공하는 KoPub 서체가 사용되었습니다.

그리움도 겨울잠을 잘 수 있다면

신동준감성시집 vol.3

겨

울

감

성

내

리

다

_____ 님에게

시인의 말

안녕하세요, 신동준입니다
저는 겨울에 태어났습니다.
그래서일까요? 제가 겨울을 애정하는 이유가요.
겨울 날씨는 춥고 매섭지만 겨울 감성은 따듯하고 아늑했으면 합니다. 눈 내리는 밤, 하얀 겨울 아침, 크리스마스, 한 해를 보내는 아쉬움, 그리고 새해를 맞이하는 설렘과 희망. 겨울만이 가질 수 있는 감성입니다.
이 겨울 감성을 오롯이 느끼고 싶어 겨울시집을 만들었습니다. 겨울밤이 깁니다. 이 겨울시집이 첫눈처럼 설레고, 솜이불처럼 포근하며, 사랑하는 사람의 품처럼 따뜻한 감성으로 당신께 내리길 바랍니다.

2025년 겨울 초입에
신 동 준 드림

차 례 *

1부. 첫눈이 피었습니다

첫눈이 피었습니다 17

내게로 왔다 18

고드름 19

너는 눈처럼 20

겨울 아침 21

풋 눈 22

핫 팩 23

눈사람 24

사랑을 만지다 26

사랑이 쌓이다 27

두 걸음 28

약 속 30

내 날씨는 맑음 32

사랑은 붕어빵처럼 33

짝 궁 34

아로새기다 35

겨울 감 36

눈 밟는 소리 38

눈길을 걷는 아이 40

보온 도시락 42

혼자가 아닌 밤 44

입 김 46

그럼에도 내린다 47

눈의 꿈 48

2부. 그리움에 마음을 여밉니다

소박한 안부 53

겨울바람이 불 때면 54

사랑밖엔 55

꼬마 눈사람 56

겨울 그리움 58

방금 이별한 카페에서 60

고지식한 사랑 62

짝사랑과 외사랑 63

겨울나무처럼 64

눈 오는 날엔 떠나지 마라 66

너에겐 한 번이지만 67

솔직한 연필 68

이별 반지 70

흔 적 72

월동준비 73

눈 오는 소리 들어 본 적 있는가? 74

가습기 76

추억의 온기 77

괜히 만났습니다 78

애틋해서 80

그리움도 겨울잠을 잘 수 있다면 81

마지막 잎새의 부탁 82

그 시절 우리는 84

말없이 내린다 86

3부 다정하고 따듯하게

첫눈은 약속입니다 91

눈은 짝사랑 92

고즈넉한 사랑 93

안 경 94

내 사랑을 받으세요 95

다정하고 따듯하게 96

너라서 98

제임스 웹 망원경 99

나, 너를, 사랑해! 100

도시와 별 102

당신을 만나러 갑니다 104

크리스마스 캐럴 106

크리스마스이브 108

깊을수록 110

언젠가는 111

겨울 커피 112

내 친구 114

동 심 116

찐빵달 118

아기 다람쥐 120

여 백 122

겨울 이야기 124

첫눈이 하얗게 피었습니다

1부

첫눈이 피었습니다

첫눈이 피었습니다 *

첫눈이

내립니다

저 첫눈에

얼마나 많은

약속과

설렘과

추억이 있을까요?

그 마음

모두 담아

이름마저 예쁜

첫눈이

하얗게

피었습니다.

내게로 왔다

그 겨울,

너는 내게로 왔다

널 처음 본 순간,

하얗고, 예쁘게 가슴 떨렸다

세상 모든 설렘이

내 심장에 와 닿았다.

고드름

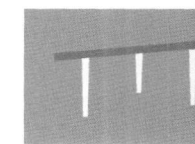

키 작은 너는
지붕 아래 고드름을
따달라 했다

고드름을 따
수줍게 건넸다

너의 미소는
투명하고 맑았다

너는 알까?
내 마음도 함께
너에게 줬다는 걸.

너는 눈처럼

소리 없이 내리는 눈이
세상을 다 덮듯이

너는 말없이 와도
내 전부를 덮는다.

겨울 아침

가장 일어나기 싫은 아침

겨울 아침

이불을 걷었다, 덮었다

포근하고 아늑한 이불속

그런데

오늘 아침

이불을 한 번에

박차고 나왔다

오늘은 그대와

첫 데이트!

풋 눈

어제 그대는

풋눈으로 내게 내렸다

이 겨울이 깊어지고,

내 마음도 깊어지면

그대는 함박눈으로 내릴 것이다

얼마나 내릴지

그대의 깊이를 몰라

나는 밤새

잠 못 이루었다.

핫 팩

너에게 가는

내 발걸음이 빨라진 이유

내 주머니에

뜨끈한 핫팩이 있어서

얼른 가서

너의 두 손

내 주머니에 넣고 싶어서

눈사람

눈 내리던 밤

그 사람 집 앞에

눈사람을 만들어 놓았다

온통 새하얀 아침에

그 사람

환하게 웃으라고

*

사랑을 만지다

그해 겨울

처음 알았다

내 커다란 외투 주머니 안에서

우리 두 손 마주 잡았을 때,

사랑도 손으로 만져질 수 있음을

사랑이 쌓이다

밤새 눈이 소리 없이 쌓였다
널 향한 내 마음도 그랬다
이젠 푹푹 빠질 일만 남았다.

두 걸음

그대와 걸었네

덕수궁 돌담길

잿빛 기와에 내린 하얀 눈

불어온 바람에 흩어지는 은빛 가루

눈길 위에

수놓는

수줍은 발자국

어느새

나란히 걷는

두 걸음

약 속

뜨거운 뙤약볕에
너는 나무 그늘로
내게 드리웠다

매서운 추위에
너는 솜이불로
나를 안아 줬다

이젠 내가 너에게
나무 그늘로 드리우겠다
솜이불로 안아 주겠다

어떤 시련이 와도
널 위한 무엇이 되어

너의 곁에 있겠다

내 날씨는 맑음

흐리고 우중충한 날도
그대가 곁에 있으면
내 날씨는 맑음

맵찬 겨울바람 불어도
그대가 곁에 있으면
내 마음은 따뜻

사랑은 붕어빵처럼

언제부턴가

나도 너처럼

붕어빵을

두 손으로 잡고

먹는다

사랑은

서로 닮아가는 것.

짝 궁

내 초등학교 1학년 때 짝궁은

그림을 참 잘 그렸습니다.

선생님의 짝궁 칭찬은

내가 받는 칭찬처럼

마냥 기뻤습니다.

그땐 몰랐지만

나는 짝궁을 좋아했었나 봅니다.

좋아하는 사람이 웃으면

내 일처럼 기쁘듯,

짝궁이 웃는 모습에 덩달아 기뻤으니

나는 짝궁을 분명 좋아했었나 봅니다.

아로새기다

그대가

눈 위에

하트를 그릴 때,

나는

내 맘에

그대를 아로새겼습니다.

겨울 감

지난가을

아직 떨어지지 않은

마른 감꼭지에

첫눈이 다가온다

까치도 남기고 간

감 하나

야무지게

발그레하다.

눈 밟는 소리

겨울 눈 내린 거리를

그대와 함께 걸으면

뽀드득 뽀드득

그대 눈 밟는 소리마저

내겐 사랑스러워

눈길을 걷는 아이

아이가 새하얀 눈길을 뒤로 걷는다
아장아장 찍히는 눈 발자국이
저를 따라와 재밌다며 까르르
엄마는 그게 좋아 방글방글

보온 도시락

이른 겨울 아침

엄마가 싸 준

보온 도시락 들고

학교 가던 시절

떠들썩한 점심시간

보온 도시락 뚜껑 열면

김 모락모락 나는

더운밥과 배추 된장국에

몸도 마음도 따뜻

겨울바람 불면 생각나는

엄마가 싸 준

보온 도시락

김 모락모락 나는

더운밥과 배추 된장국에

한 끼 든든히 먹고 싶다.

혼자가 아닌 밤

달빛 환한 밤

빈 의자에

눈이 내려 앉았다

오늘 밤은

혼자가 아니다.

입 김

추우면 추울수록

입김이 또렷한 건

우리의 숨이

뜨겁기 때문이다.

그럼에도 내린다

눈은 안다
순백으로 내려 오지만
이 세상에서
순백으로 남을 수 없음을
사람들 발에,
자동차 바퀴에,
더럽혀지고 까매진다는 것을
그럼에도
눈은
한치 주저 없이
내린다
꿋꿋이
세상 속으로

눈의 꿈

눈도 꿈을 꾼다

사막에 내리는 꿈을,

뜨거운 모래 하얗게 덮어

설산이 되는 꿈을,

그 설산 겨울나무에

눈꽃으로 피는 꿈을,

그 눈꽃이

햇볕으로 빛나는 꿈을,

그렇게 한 번도

가보지 못한 곳에

펑펑 내리는 꿈을

눈은 꾼다.

, 하여 겨울 그리움이라 부른다.

2부

그리움에 마음을 여밉니다

소박한 안부

바람이 제법 쌀쌀해

어제 입동이더라

어디서 어떻게 사는지 몰라도

감기 조심하고 아프지 않길

미안,

이 소박한 안부가

내가 할 수 있는 전부라서

겨울바람이 불 때면

겨울바람에 옷깃을 여밉니다
그리움에 마음을 여밉니다

사랑밖엔

하늘도

바람도

지금 내리는 이 눈도

세상 모든 것이

너에게 보내는 내 마음

사랑밖엔

아무것도

담을 것이 없다.

꼬마 눈사람

어젯밤

잠이 안 와

산책하다,

낮은 담장 위에

꼬마 눈사람

하나 만들었다

오늘 아침

꼬마 눈사람이

둘이었다

홀로

외로워 보였을까?

겨울 그리움

눈 내린 새벽

발목까지 쌓인

눈길을 걸으며

널 보낸다

움푹 패인 발자국은

그리움이다

네게서 멀어지려 앞으로 걷지만

그리움은 내 뒤를 쫓는다

그리움은 앞이 아닌

뒤를 향해 있는 것.

혼자

눈길을 걷는다

잊으려 꾹꾹 밟을수록

깊어지는 그리움

그 공간이 너무 쓸쓸해

바람도 머물지 않는다

, 하여

겨울 그리움이라 부른다.

방금 이별한 카페에서

커피잔이 비워지면

눈물로 채워질까

리필을 했다

혹시 네가 다시 올까

나가지도 못하고

세 번째 리필 중

고지식한 사랑

널 향한 내 마음은

얼마나 고지식한지

어디 한 눈도 팔지 못한다.

짝사랑과 외사랑

짝사랑과 외사랑이

서로 더 아프다고 다툽니다.

외사랑이 말합니다.

"고백해도 받아주지 않는 내 사랑이 더 아파."

짝사랑이 말합니다.

"그 고백조차 못 하는 아픔을 네가 알아?"

외사랑이 짝사랑에게 손을 내밉니다.

짝사랑이 외사랑의 손을 잡습니다.

이제 둘은 말하지 않아도 압니다.

둘 다 혼자만의 사랑이란걸.

겨울나무처럼

눈 오는 오후

한 남자가

공원에 서 있습니다

옆에 의자가 있지만

앉지 않고 서 있습니다

눈발은 굵어지고

남자 머리와 어깨 위로

수북이 쌓여도

마냥 서 있습니다

누가 오기를

기다리는 걸까?

아니면…….

겨울 석양 짙어지고

눈도 그쳐가는데

건너편 공원

그 남자는

아직도

겨울나무처럼

하얗게 서 있습니다.

눈 오는 날엔 떠나지 마라

눈 오는 날엔 떠나지 마라

이별의 아픔

내리는 눈과 함께

내 마음에 쌓이고 쌓여

감당 못 할 무게로

내가 무너져 내릴 테니

너에겐 한 번이지만

너에게서 한 발 뒤로 물러나기 위해
내 가슴은 천 번도 더 물러나야 했다

너에게서 한 번 뒤돌아서기 위해
내 가슴은 만 번도 더 뒤돌아서야 했다

너에겐 한 번이지만
나에겐 천 번, 만 번이었다.

솔직한 연필

어딘가에

솔직한 연필이 있대

거짓을 결코 쓸 수 없는

그 연필 내게 있다면

너에게 줄 수 없을 것 같아

네가 쓴 진심

알게 될까 봐

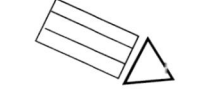

이별 반지

결국,
당신께 주지 못했습니다
외투 안주머니에 품고
당신께 주려 했던 반지

다정하게 반기는 당신의 웃음은
오월에 핀 꽃처럼 환하고 예뻤습니다
하지만 웃음 짓던 당신의 입술이
이별을 꺼낼 줄은 몰랐습니다

당신이 떠나고,
하얀 꽃 핀 나뭇가지에
나와 당신의 반지를 걸어 놓습니다
그리고 어딘지도 모르는 곳을 향해

나는 겨울바람처럼 불어갑니다.

흔 적

오늘 밤도 밤하늘에
그대 이름을 쓰고
달빛으로 지웁니다
행여 그대 보실까
꾹꾹 눌러 지웁니다.

지우고 지워도
가슴에 남겨진 흔적
그건 아무리 해도
지울 수 없는
그리움 인가 봅니다.

월동준비

겨울이 오기 전
월동준비를 합니다

두꺼운 옷을 꺼내고
장갑, 머플러
내복도 한 벌 샀습니다

몸은 겨울을 준비하는데
맘은 어찌해야 할지 모릅니다

이번 겨울도
춥고 시린
그대입니다.

눈 오는 소리 들어 본 적 있는가?

보라,

눈이 내린다

그대,

눈 오는 소리 들어 본 적 있는가?

눈 오는 소리는

귀가 아닌 마음으로 듣는 소리

그 마음은

내 마음 중 가장 아련한 마음

지금,

눈 오는 소리 들린다면

그 아련한 마음이

귀 기울이는 중이다.

가습기

너는

가습기처럼

흩어진다

한 번에 비워내지 못하고

미세한 입자로

오랫동안

흩어지면서

천천히

비워간다

너를

추억의 온기

오늘 밤은
내가 가진 추억 중,
가장 따뜻한 추억 하나 꺼내어
쓸쓸한 추위를 견뎌내자
그 온기에 기대어
차가운 그리움을 녹여내자
새삼 그대가 고맙다
내게 따뜻한 추억 하나
남겨주고 떠나서

괜히 만났습니다

목요일 오후였습니다
맞은편에서 걸어오는
당신을 한눈에 알아봤습니다
아는 체를 해야 할까
망설이는 동안
당신이 먼저 인사했습니다
어색한 웃음을 주고받고,
서로 짧은 안부를 묻고,
그냥 가던 길을 갔습니다
괜히 만났습니다
희미해지던 당신이었는데
다시 또렷하게 생각납니다
무뎌져 가던 당신이었는데
다시 예민하게 느껴집니다

이러다 또

혼자 힘들어지는 건 아닌지…

자못 두렵습니다

어찌하나

괜히 만났습니다

당신을…….

애틋해서

내 초라한 모습

그대에게 들키고 싶지 않음은

내 알량한 자존심이

상처받을까 겁이 나서가 아니라

내 모습 안쓰러워하는

그대 마음이 애틋해서

그리움도 겨울잠을 잘 수 있다면

그리움도

겨울잠을

잘 수 있다면 좋겠다

그 긴긴 겨울밤 동안

너를 향한 내 그리움이

한동안 쉴 수 있도록

마지막 잎새의 부탁

마지막 남은

노란 잎새 하나 떨어지며

겨울눈에게 부탁한다

내려오면 잊지 말고

포근히 덮어주라며

빈 가지를 부탁한다.

*

그 시절 우리는

가만히 눈 감으면

추억은 눈처럼

소리 없이 내립니다

그렇게 내린 추억은

어느새 내 마음에

고요히 쌓입니다

눈길을 걷듯

추억을 걸어 봅니다

한 발자국씩 걷다 보면

그 시절 우리에게 가닿습니다

흰 눈처럼 말갛던

그 시절 우리는

환하고 설레고

마냥

좋았습니다.

말없이 내린다

눈은

빈 나뭇가지에도

낮은 지붕에도

공원 의자에도

쓰레기통에도

버려진 전단지와

구겨진 종이컵에도

홀로 걷는

처진 어깨와

굽은 등에도

말없이

내린다.

첫눈은 약속입니다

3부

다정하고 따듯하게

첫눈은 약속입니다

수많은 약속을 갖고
첫눈은 찾아옵니다
그렇게 세상엔
약속들이 쌓입니다
밤새 쌓인 눈
다 녹기 전에
나는 그대를 만나러 갑니다.

눈은 짝사랑

비는 소리 내며 오지

눈은 소리 없이 와

짝사랑과 닮아서 그래

고즈넉한 사랑

밤사이
눈이 그치고,

그대라는
사랑이
찾아왔다

고즈넉하게

안경

안경 쓴 나에겐 없고
안경 안 쓴 너에게 있던
안경닦이
실내로 들어오면
내 얼굴 우습게 만드는
희뿌연 안경
그때마다
호호 불어가며
안경을 닦아주던 너
말끔히 닦인 안경너머로
보이는 너의 웃음
어찌하나
사랑할 수밖에

내 사랑을 받으세요

사랑한다는 말
입 밖으로
나왔을 때,

그 사랑
이미
내 것이 아니네

당신에게
주었으니
난 이제 모르겠네

다정하고 따듯하게

오늘처럼

겨울 눈

내리는 저녁

그대와 둘이서

마냥 걷고 싶어라.

가로등 불빛 아래

너울대는 눈송이

꼭 잡은 두 손과

다정한 발걸음.

그렇게 한동안 걷다,

어느 카페에서

창밖에 내리는 눈

함께 바라보다

서로의 눈 바라보며

웃음을 나누고 싶어라.

다정하고 따듯하게

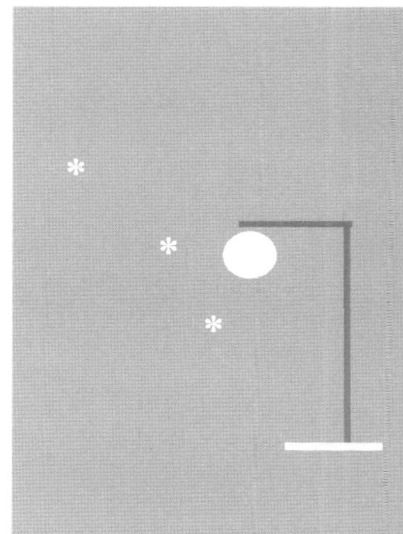

너라서

널 기다리느라
저녁도 굶었다

배고프고
보고프고

그래도
미워할 수 없어

날 고프게 하는
너지만

날 채우는 것도
너라서

제임스 웹 망원경

아주 먼 우주를 본다는
제임스 웹 망원경도
볼 수 없는
너의 마음

오직 진심에게만
보여주는
너의 마음

"나, 너를, 사랑해!"

"나,

그 한 마디에 너만 보았다.

"너를,

그 두 마디에 가슴이 뛰었다.

사랑해!"

그 세 마디에 세상을 다 가졌다.

나
너를
사랑해!

도시와 별

별이 있어

도시는 외롭지 않다

부산스러웠던 낮과

화려한 밤이

모두 떠난

새벽이 되면

홀로 된 도시는

저 별에게

가만히 기대어본다

사람들은 별이 도시를 떠났다지만

떠난 건 사람들 마음

별은 언제나 그 자리였고,

오늘도 도시는

별과 함께 있다.

당신을 만나러 갑니다

아직 푸른빛이 도는 저녁 하늘
조금 느슨해진 세상 풍경 보며
꽉 조였던 마음을 풀어봅니다

당신을 만나러 가는 길
내 걸음은
행복 도장을 찍으며 걷습니다

고단한 하루 달래주는
당신의 눈길
당신의 손길

생각만으로도
웃음 짓게 하는 당신

나에겐 당신이 행복입니다

크리스마스 캐럴

이 밤

그대와 즐겨듣던

크리스마스 캐럴을

가만히 틀어놓는다

겨울밤은 길고

추억은 아늑해

지금 내 곁에

그 사람 있다면

따스하고 나른하게

곤히 잠들 텐데

크리스마스이브

너와 처음 맞이한

크리스마스이브

둘이서

들뜬 명동길을

달뜨게 걸었다

그것만으로도

온종일

달보드레한

크리스마스이브

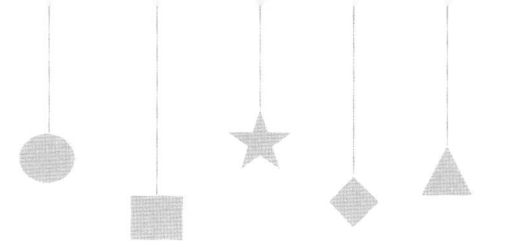
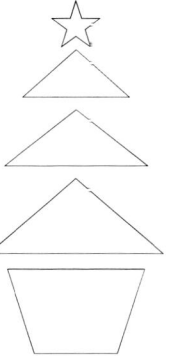

깊을수록

눈이 깊을수록

남겨진 발자국이 깊고 또렷하듯,

사랑이 깊을수록

남겨진 아픔은 깊고 또렷하다.

언젠가는

눈 위에 남겨진 발자국이

아무리 깊고 또렷해도

언젠가는 그 발자국도

덮이고야 마는 것이다.

겨울 커피

눈 오는 날

커피 한 잔

흑과 백의

어울림

내 친구

우리 반 받아쓰기 꼴찌
내 친구 수철이는
크리스마스 날
내게 카드를 주었습니다

지노야
나랑 노라조서 고마어
매니 크니스마스

_____ 에게

Merry Christmas

동 심

아직

동트기 전

이른 새벽

창문 밖이

온통 하얗다

아침이 되면

근사한 풍경 보여주려

밤새 눈이

몰래 내렸나 보다

길도,

지붕도,

나뭇가지도,

희고 깨끗하다

눈 내린

겨울 풍경에

마음이 참지 못하고

아이처럼 달려나갔다.

찐빵달

겨울 저녁

우리 동네 찐빵집

환한 백열전구 불빛 아래

하얗게 올라오는 김은

보는 것만으로도 푸근했다

찐빵은 보름달처럼

하얗고 둥글고 넉넉했다

사람들은 보름달 담은 봉투를

품에 안고 집으로 향했다

집집마다 봉투가 열리면

수많은 보름달이 둥실 떠올라

추운 겨울밤을

훈훈하게 밝혀주었다.

아기 다람쥐

숲속 나무 밑
곤히 자고 있을
아기 다람쥐 깰까
함박눈은
밤새
살포시 옵니다.

이른 아침
하얀 숲속 폴짝폴짝 뛰어다닐
아기 다람쥐 생각에
함박눈은
밤새
흐뭇하게 옵니다.

여 백

겨울은 비움의 계절

그 비움은

다시 채우기 위한

비움이기에

결코

외롭지 않은

여백

겨울 이야기

어느 산장

벽난로 앞에

다붓하게 앉은 친구들

해맑던 꼬맹이 시절

도란도란 추억하다,

이젠 옛이야기 되었다며

가만히 고개를 끄덕인다

창밖에는 눈이 내리고,

장작불은 타닥타닥

찻주전자엔 김이 모락모락

겨울밤은 깊어 가는데,

그칠 줄 모르는

우리들 이야기

저 포근한 함박눈처럼

이 겨울도

당신의 삶과 사랑은

얼지 않고 생생하며 뜨겁습니다.